Les aigles

Texte de Deborah Hodge

Illustrations de Nancy Gray Ogle

Texte français de Martine Faubert

J'explore

la faune

Les éditions Scholastic

À ma belle-maman Ev Hodge, ses enfants et leurs familles. – D. H.
À mon mari, Pat. – N. G. O.

Je remercie chaleureusement Michael J. Chutter, expert-biologiste spécialisé
en ornithologie, attaché au ministère de l'Environnement de la Colombie-Britannique,
Section de la faune, qui a eu la gentillesse de relire mon manuscrit.

Je tiens également à remercier mon éditrice, Lori Burwash, pour son aide
et ses judicieux conseils; ma chargée de projet, Valerie Hussey;
la directrice de la collection, Valerie Wyatt;
et la conceptrice de la collection, Marie Bartholomew.
Enfin, je profite de l'occasion pour souligner l'extraordinaire travail
de toute l'équipe de Kids Can Press. À vous tous et de tout cœur, merci!

Données de catalogage avant publication (Canada)

Hodge, Deborah
  (J'explore la faune)
  Traduction de : Eagles.

ISBN 0-439-98536-6

1. Aigles – Ouvrages pour la jeunesse. 2. Pygargue à tête
blanche – Ouvrages pour la jeunesse. 3. Aigle royal – Ouvrages
pour la jeunesse. I. Ogle, Nancy Gray. II. Faubert, Martine.
III. IV. Collection.

QL696.F32H6214 2000   j598.9'42   C00-930730-3

Édition publiée par Les éditions Scholastic,
175 Hillmount Road, Markham (Ontario) L6C 1Z7,
avec la permission de Kids Can Press Ltd.

Conception graphique : Marie Bartholomew

5 4 3 2 1   Imprimé à Hong-Kong   0 1 2 3 4 5

Sommaire

La famille des aigles

Les aigles sont de grands oiseaux au vol puissant. Très haut dans le ciel, ils fendent l'air de leurs larges ailes déployées.

Ce sont des oiseaux de proie; autrement dit, ils doivent chasser pour se nourrir. On les reconnaît à leur bec crochu et à leurs griffes acérées.

Le pygargue à tête blanche a une envergure de 2,3 m; c'est un petit peu plus grand que la longueur de ton lit.

4

Le sais-tu?

Les oiseaux de proie s'appellent aussi des rapaces.

Les griffes de l'aigle se nomment des serres. Elles lui servent à tuer ses proies, c'est-à-dire les animaux qu'il chasse pour se nourrir. Le pied du pygargue à tête blanche est grand comme la main d'un adulte.

Les aigles dans le monde

Les aigles vivent sur tous les continents, sauf l'Antarctique. On en compte plus de cinquante espèces. En voici quelques-unes.

Les aigles pêcheurs, ou pygargues, vivent là où il y a de l'eau. De petites aspérités sur leurs doigts leur permettent de bien agripper les poissons dont ils se nourrissent.

Pygargue vocifère

Pygargue
à queue blanche

Les aigles bottés ont les pattes entièrement couvertes de plumes, sauf les doigts. Souvent, ils font leur nid en haute montagne. Ils se nourrissent de lapins, d'oiseaux ou d'autres petits animaux.

Aigle noir

Aigle martial

Circaète
Jean-le-Blanc

Bateleur
des savanes

Les serpentaires vivent dans les pays chauds,
comme en Afrique. Ils se nourrissent de
serpents ou d'autres reptiles. Ils ont les doigts
courts, afin de bien saisir leurs proies au
corps effilé.

Les aigles tropicaux sont parmi les plus gros de leur
espèce. Ils vivent dans la forêt et se nourrissent
de singes, de paresseux et de grands oiseaux.
Leurs pattes puissantes leur permettent de bien
saisir leurs lourdes proies.

Harpie féroce

Aigle des singes

7

Les aigles d'Amérique du Nord

Deux espèces d'aigles vivent en Amérique du Nord :
le pygargue à tête blanche et l'aigle royal.
Ce sont les plus gros oiseaux de proie du continent.

Ce jeune pygargue verra son plumage
prendre les teintes de l'adulte
à l'âge de quatre ou cinq ans.

Le pygargue à tête blanche est
un aigle pêcheur. L'adulte a la
tête et la queue blanches. Il
mesure environ 76 cm de haut,
soit la hauteur d'une table. Il
peut peser jusqu'à 7 kilos.

L'aigle royal est un aigle botté. Les plumes de la nuque
de l'adulte sont de teinte brune à reflets dorés.
Il est à peu près de la même taille
que le pygargue. Comme chez
tous les oiseaux de proie,
la femelle est plus grosse
que le mâle.

Le sais-tu?

Le pygargue
à tête blanche
est l'emblème national
des États-Unis.
L'aigle royal est
celui du Mexique.

Voici un jeune aigle royal. Son plumage
est presque identique à celui de l'adulte.

L'habitat

Les aigles vivent généralement dans les régions sauvages.
Il leur faut de grands arbres et de hautes falaises pour construire
leur nid, et des territoires de chasse riches en gibier.

En Amérique du Nord, les aigles se rencontrent surtout dans l'Ouest.

Certains aigles vivent toujours au même endroit. D'autres se déplacent
au gré des saisons; on dit qu'ils sont migrateurs. Les oiseaux migrent
afin de trouver la nourriture dont ils ont besoin pour survivre.

Le pygargue nidifie près d'une rivière, d'un lac ou de l'océan,
là où il peut trouver facilement son mets préféré : le poisson.

Lorsque les rivières et les lacs sont recouverts
de glace, le pygargue ne peut plus pêcher.
Il doit migrer vers des régions où l'eau
ne gèle pas complètement.

Le pygargue à tête blanche ne vit qu'en Amérique du Nord. L'aigle royal habite aussi en Europe, en Asie et en Afrique du Nord.

L'aigle royal se plaît à vivre dans toutes sortes d'habitats : les montagnes, les collines ou les grands espaces découverts.

L'alimentation

Les aigles chassent et tuent d'autres animaux,
leurs proies. Ils se nourrissent aussi d'animaux
déjà morts.

L'aigle royal se nourrit surtout de lièvres et
de lapins. Il chasse aussi les écureuils de terre,
les marmottes et les gélinottes.

Le pygargue se nourrit de poissons. À l'automne,
il pêche les saumons qui sont épuisés après avoir pondu
leurs œufs. Il chasse aussi les oiseaux aquatiques
et les petits mammifères.

Si le petit gibier se fait rare, l'aigle royal s'attaquera
à de grands mammifères, comme le cerf.

Le sais-tu?

Souvent,
le pygargue vole
le poisson d'un autre
oiseau, comme le
balbuzard pêcheur.

L'aigle tue sa proie au moyen de ses puissantes serres. Avec son gros bec aux bords tranchants, il arrache ensuite des lambeaux de chair et les avale tout ronds.

Les parties du corps

L'aigle a un corps conçu pour voler et pour chasser. Tu vois ici un aigle royal.

Les yeux

La vue de l'aigle est de deux à trois fois plus puissante que celle des humains. Il peut détecter une proie jusqu'à 3 km de distance. Une paupière transparente sert à nettoyer et à protéger ses yeux.

Le bec et les mâchoires

Le bec de l'aigle est coupant comme un rasoir. Les muscles puissants de ses mâchoires lui permettent de déchiqueter sa proie. Il n'a pas de dents; Il avale donc tout rond.

Les pattes

Les puissants muscles de ses pattes lui permettent de frapper sa proie. Ses doigts servent à la saisir et à la broyer, et ses serres à la transpercer.

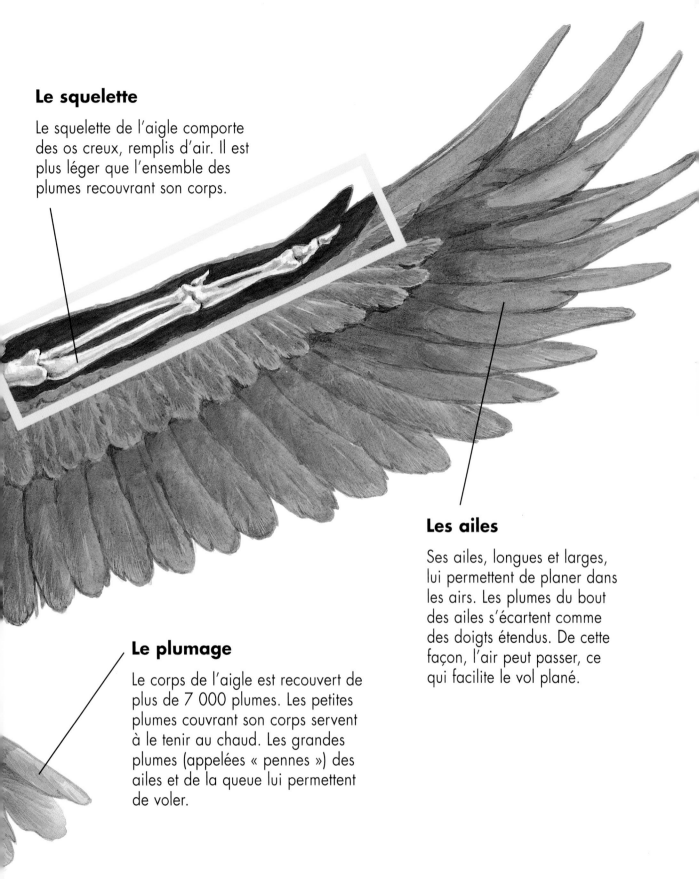

Le squelette

Le squelette de l'aigle comporte des os creux, remplis d'air. Il est plus léger que l'ensemble des plumes recouvrant son corps.

Les ailes

Ses ailes, longues et larges, lui permettent de planer dans les airs. Les plumes du bout des ailes s'écartent comme des doigts étendus. De cette façon, l'air peut passer, ce qui facilite le vol plané.

Le plumage

Le corps de l'aigle est recouvert de plus de 7 000 plumes. Les petites plumes couvrant son corps servent à le tenir au chaud. Les grandes plumes (appelées « pennes ») des ailes et de la queue lui permettent de voler.

Le vol

Les aigles volent haut dans le ciel, avec beaucoup d'élégance.

Ils peuvent parcourir de très grandes distances au vol, sans jamais se fatiguer. Ils se laissent porter par les courants d'air chaud (on dit « courants thermiques ») qui montent de la surface du sol. Ils se servent aussi des courants d'air ascendants qui se forment sur le flanc des collines et des montagnes.

Pour fondre sur leur proie, les aigles rabattent leurs ailes contre leur corps. En plongée, l'aigle royal peut atteindre une vitesse de 190 km/h, soit presque deux fois la vitesse permise sur les autoroutes.

Lorsqu'ils migrent, les aigles volent à environ 55 km/h, soit à peu près la vitesse d'une auto roulant en ville.

Le nid

Lorsque la femelle est prête à pondre, généralement au printemps, elle commence à construire un nid avec son partenaire.

Son nid, appelé une « aire », est fait de petites branches. L'intérieur est tapissé de feuilles et d'herbes séchées. Les aigles gardent souvent le même nid, d'une année à l'autre. Ils le rénovent régulièrement, en y ajoutant des branches et de nouvelles herbes. Ce sont les plus gros nids d'oiseaux d'Amérique du Nord.

Le pygargue à tête blanche construit son nid avec de robustes branches, à la cime d'un grand arbre, situé non loin d'un cours d'eau. Il peut mesurer jusqu'à 2 m de diamètre et 1 m de hauteur.

Les aigles royaux construisent
généralement leur nid au flanc
d'une haute falaise. Mais certains
préfèrent la cime d'un arbre.
Dans les deux cas, ils choisissent
un endroit qui surplombe un bon
territoire de chasse.

Le sais-tu?

On a trouvé un nid
de pygargue qui
faisait 6 m de haut :
la hauteur
d'une maison!

La naissance

Une aigle peut pondre jusqu'à trois œufs. Mais généralement, elle n'en pond que deux, à quelques jours d'intervalle. Les parents les couvent à tour de rôle, afin de les garder au chaud et à l'abri des prédateurs. Les œufs du pygargue éclosent au bout de 35 jours.

Pour sortir de son œuf, l'aiglon frappe la coquille de l'intérieur au moyen d'une petite pointe (appelée le « diamant ») qu'il a sur le bec. Il lui faut de un à deux jours pour y arriver. Il n'est alors qu'un petit être fragile et sans défense.

Les œufs de l'aigle royal éclosent au bout de 45 jours. Leur coquille tachetée les rend plus difficiles à détecter par les prédateurs.

Lorsque le second œuf éclôt, le premier aiglon, né plus tôt, est déjà fort. Si la nourriture est peu abondante, l'aîné n'hésitera pas à tuer le nouveau-né.

Cette maman pygargue réchauffe son nouveau-né contre son corps. Le second œuf est en train d'éclore.

21

La croissance et l'apprentissage

Le corps des aiglons est recouvert d'un fin duvet. Les parents les réchauffent de leur corps, jusqu'à ce qu'ils aient de plus grandes plumes. Ils les nourrissent de petits morceaux de viande. L'aîné des aiglons est toujours servi le premier.

Vers l'âge de six semaines, les aiglons peuvent se nourrir eux-mêmes, et ouvrir leurs ailes. Ils savent aussi battre des ailes et sautiller autour du nid.

Vers dix semaines, ils sont prêts à apprendre à voler. Les parents les attirent hors du nid avec de la nourriture. Très vite, les aiglons se mettent à voler. Les parents leur montrent aussi à chasser. Au bout de deux mois, les petits se suffisent à eux-mêmes.

Ce pygargue de huit semaines porte sur ses ailes
et sa queue de belles pennes toutes neuves.
Il est prêt à apprendre à voler.

Les aiglons grandissent vite.
Ces petits aigles royaux ont
environ trois semaines.

À l'âge de cinq ans,
l'aigle est déjà un
adulte. Il se cherche
alors un ou une
partenaire avec qui
il aura des petits.

Les moyens de défense

Un aigle adulte n'a pas de véritables ennemis. Ce sont plutôt les autres animaux qui ont peur de lui. Mais les œufs des aigles, et leurs aiglons, sont des proies faciles pour toutes sortes d'animaux, comme les ratons laveurs, les serpents, les corbeaux et les rapaces.

Les aiglons, laissés à eux-mêmes, ont la vie dure. Ils doivent lutter contre la faim et les intempéries, et se défendre des prédateurs. Beaucoup meurent la première année.

Lorsque ses parents partent chasser, l'aiglon, resté seul, doit se défendre lui-même.

Ces deux aigles royaux défendent férocement les abords
de leur nid. Si un prédateur s'en approche trop, ils l'effraient
afin de l'inciter à s'éloigner.

Les aigles et les humains

Il y a plus de cent ans, on a tant chassé les aigles, que quelques-uns seulement ont survécu. Puis les agriculteurs se sont mis à utiliser des produits chimiques pour favoriser leurs récoltes. Les aigles, qui se nourrissaient d'animaux contaminés par ces produits, tombèrent malades, et la coquille de leurs œufs, pas assez dure, se fendait avant le temps normal de l'éclosion.

Aujourd'hui, ils sont protégés par des règlements. Mais au fur et à mesure que les étendues inhabitées diminuent, leur habitat se rétrécit. Beaucoup en meurent. D'autres s'installent dans les zones habitées, s'ils y trouvent de quoi se nourrir et de grands arbres pour construire leur nid.

Ce biologiste est en train de baguer un jeune aigle royal. Le baguage permet de mesurer la population d'aigles et de savoir où elle vit.

Les aigles ont besoin de grands espaces pour survivre et élever leurs petits. Des gens luttent pour la préservation des contrées sauvages, derniers refuges des aigles.

Autres rapaces

Il existe environ 500 espèces d'oiseaux de proie
à travers le monde. En voici quelques-unes.

Afrique

Fauconnet
d'Afrique

Vautour oricou

Messager sagittaire

Europe et Asie

Faucon crécerelle

Australie

Élanion lettré

Amérique du Nord

Amérique du Nord

Europe

Amérique centrale

Afrique

Asie

Amérique du Sud

Australie

Buse à épaulettes

Amérique centrale et Amérique du Sud

Caracara huppé

Partout dans le monde

Balbuzard pêcheur

Faucon pèlerin

Effraie des clochers

L'observation des aigles

Voici quelques-uns des aspects à observer chez les aigles.

La taille

Les aigles sont plus gros que bien d'autres oiseaux.

Merle d'Amérique   Aigle royal

La forme des ailes

Aigle royal vu de dessous   Pygargue à tête blanche vu de dessous

L'emplacement du nid

Le nid du pygargue est
généralement perché
à la cime d'un grand arbre.

Le nid de l'aigle royal est généralement
accroché au flanc d'une falaise rocheuse.

Les serres

Les serres que tu vois dessinées en
fond, sur cette page, sont celles d'un
pygargue. Elles sont de grandeur nature.
Compare-les avec ta main.

Les mots nouveaux

aiglon : le petit de l'aigle.

diamant : la petite pointe sur le bec des oisillons, qui leur permet de briser la coquille de l'œuf pour en sortir. Elle disparaît après l'éclosion.

envergure : la mesure des ailes d'un bout à l'autre, lorsqu'elles sont déployées.

migrateur : lorsqu'un oiseau change de territoire suivant les saisons, on dit qu'il est migrateur.

oiseau de proie : un oiseau de proie se caractérise par son bec crochu et ses serres, qui lui servent à chasser les animaux et à les manger.

partenaire : le mâle ou la femelle, dans un couple d'aigles. Ils ont des petits chaque année.

pennes : les grandes plumes des ailes et de la queue des oiseaux, qui leur permettent de voler.

proie : un animal chassé par un autre qui s'en nourrit.

rapace : un autre nom donné aux oiseaux de proie.

serres : les griffes des rapaces.

Index